L'ORACLE LIVRE
DU 6 ÉME MONDE

Dans ce sixième monde, la quintessence a enfin été retrouvée. Les êtres vivants qui l'habitent ont compris l'importance de préserver leur environnement et de vivre en harmonie avec la nature. La technologie a été utilisée de manière responsable pour améliorer la vie de tous sans compromettre la santé de la planète. Les villes sont devenues des oasis de verdure et de tranquillité, où les habitants peuvent se ressourcer et se connecter à la nature. Les animaux sauvages ont retrouvé leur place dans l'écosystème et sont protégés par des lois strictes. Les êtres humains ont également retrouvé leur connexion spirituelle avec la nature, ce qui leur a permis de vivre en paix et en harmonie les uns avec les autres. Dans ce sixième monde, l'humanité a enfin compris que la quintessence de la vie est la nature elle-même, et que la protéger est la clé pour un avenir prospère et durable.

Bienvenue dans l'univers magique des dimensions supérieures :
Je suis heureuse de partager avec toi le sixième monde, un monde féerique et stellaire, à travers ces belles fréquences. Tu vas recevoir des conseils et des messages de ces espaces célestes, canalisés avec amour et bienveillance à ton égard. Tu es guidé(e) à chaque instant, à chaque étape de ta vie sur Terre, et les énergies de la 5ème et de la 6ème dimension sont maintenant accessibles à nous, les portes de nos âmes-soleil. Dans cet ouvrage, tu trouveras les fréquences galactiques nécessaires à ton évolution parmi les étoiles de notre âme en connexion. Les constellations des Pléiades, l'étoile Sirius B, Lyra, Andromède et tous les guides de lumière présents et nécessaires pour ton ascension. Tu n'es pas ici par hasard...

Le Livre te convie à un voyage mystique à travers 33 messages, émanant d'énergies et de fréquences 6D. Plonge dans l'abîme de la paix et baigne dans la douceur de chaque page. Laisse-toi guider pour intégrer les nouveaux codes de la Terre, toi, Âme-Soleil, grandissant et éveillant à une humanité nouvelle. Un paradigme inédit accessible dès à présent, à chaque désir. Choisis une page oracle au hasard pour te guider chaque jour ou active une page pendant 33 jours pour amplifier ton champ de conscience. Écoute ton cœur, laisse le processus magique opérer et guide-toi sur la voie du sacré en toi. Laisse-toi porter et permets à ton âme de révéler le sens profond de son essence au fil de chaque page.
Merci de t'ouvrir à cette expérience, chère âme. Reçois en tes cellules très chers , tu es aimé(e)...
Avec gratitude,

Stéphanie

1

Pandora Krystal heart

La Naissance de la Terre Promise : L'Essence de la Renaissance

Le cœur cristallin de Pandora se révèle à vous maintenant, offrant la possibilité d'activer une renaissance intérieure et la résurgence d'un nouveau monde. En ces temps d'incertitude, d'opportunités nouvelles se présenteront à vous, vous permettant de découvrir de nouvelles clés intérieures. Vous émergerez de cette période de réflexion en révélant votre joyau intérieur au monde.

Le joyau , le diamant tant attendu. La solution à un problème donné et non résolu.
Une découverte intense se profile à toi .

Ce que tu dois ressentir avec le premier message, c'est une amplification des codes lumineux.

Cette page est un cadeau, une grâce, un printemps qui t'invite à ouvrir ton coeur cristal. Un diamant qui brille, c'est le moment du renouveau. La danse ancestrale de Pandora se réveille en toi. Ta nature divine te permet de danser dans la vie.

Vibres à ta propre fréquence et fais vibrer le monde de Pandora - un monde de coeur, primordial et pur!

La boîte de Pandore, qui contient tous les secrets cachés du monde céleste, est en toi! Réactive-la! Maintenant...

2

Activation Diamant

Soyez honnête avec vous-même et les autres, en simplifiant tout et en allant directement au but.
Écoutez votre cœur et vos émotions pour ne plus perdre de temps.
La paix du monde commence avec votre travail intérieur, la guérison de vos blessures et la reconnaissance de vos erreurs et de vos faiblesses.
Vous détenez la clé de votre propre développement.

Recevez l'activation sacrée de la création avec le message numéro 2 pour laisser briller votre lumière intérieure. L'énergie Diamant, la plus haute et la plus pure énergie galactique disponible sur Terre depuis un certain temps, active votre ADN solaire et cristallin.

La grande œuvre de la création s'éveille, Gaïa se purifie et vous accompagne dans cette transformation totale. Le pouvoir majestueux de cette force infinie est d'une beauté indescriptible, où l'amour et la lumière sont les piliers de l'univers.

Ouvrez votre être à ces énergies vitales et laissez-les imprégner chaque cellule de votre corps. Accueillez-les avec conscience, dans le sanctuaire de votre cœur.

3

SIRIUS CONNEXION

Assurez-vous que vos pensées, vos paroles et vos actes soient parfaitement alignés...

La brillante étoile Sirius évoque l'Égypte ancienne. Cette étoile est associée aux Dieux et Déesses Osiris et Horus. Elle dissipe les énergies négatives et protège uniquement avec sa lumière. Sirius élève l'esprit et encourage le développement de la vision intérieure.

"Avec Sirius Connexion, reconnectez-vous à votre troisième œil. Une activation de couleur bleue étoilée entre vos deux yeux vous ouvrira les portes de la connaissance souveraine."

Cette sagesse ancienne éveille toutes les capacités et les souvenirs enfouis au plus profond de toi.

L'étoile brillante Sirius, également connue comme le rayon d'or, est une lumière guide pour les personnes qui cherchent la vérité intérieure, l'alignement spirituel, et la lumière intérieure. Si vous suivez cette voie, elle vous mènera avec sagesse et douceur.

Toutefois, si vous n'êtes pas en harmonie avec vous-même et que vous n'êtes pas aligné spirituellement, Sirius vous rappellera à l'ordre et vous ramènera à votre juste place dans ce monde.

Bien que cela puisse raviver de douloureux souvenirs et créer des problèmes, c'est un avertissement destiné à vous aider à vous réajuster et à être attentif aux événements qui se produisent dans votre vie.

La connexion à Sirius active la justice divine et vous aide à rester sur le chemin de votre âme.

4

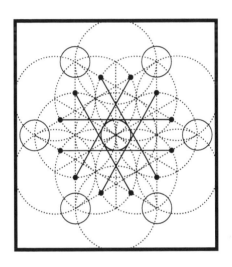

AMETHYSTA SOUND

Prenez soin de votre corps physique pour atteindre une élévation spirituelle.

L' Améthyste utilise la vibration du chiffre 4 pour activer la sagesse et l'humilité en s'accordant avec le son de l'univers. En favorisant la méditation et la concentration, elle aide à atteindre l'élévation spirituelle et à se connecter avec son centre couronne. Cette pierre magique travaille également sur le pancréas, le foie, les glandes, la rétention d'eau et les maux de tête.

En prenant soin de votre corps physique, vous vous élevez spirituellement. Pour ce faire, nous vous recommandons de porter la pierre Améthyste sur plusieurs jours ou semaines selon votre ressenti, et de vibrer la couleur violette ou violet pastel, que ce soit par les vêtements ou en portant cette fabuleuse pierre de guérison autour du cou.

Elle invoque la flamme violette de transmutation pour tisser une toile protectrice. Le chiffre 4 est une clef mystique pour ancrer cette énergie dans ton être et cultiver sa floraison.

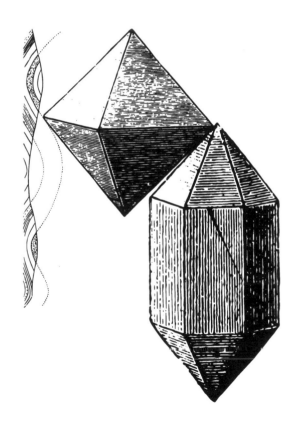

5

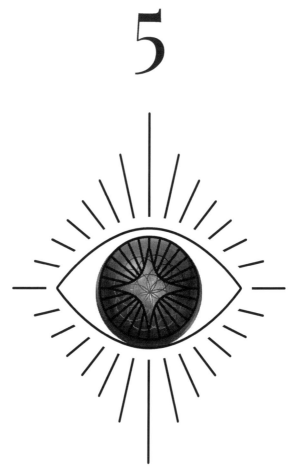

Freedom activation

Révèle ta véritable nature !
On t'invite à te libérer immédiatement des systèmes qui t'enchaînent à la matrice en faisant vibrer ta conscience unitaire, en dansant ta vie. Libère-toi des blocages, des emprises, des pieux, des malversations et des fausses valeurs de ton égo pour permettre à la conscience universelle de s'exprimer, en t'appuyant sur la source pure de ta divine présence.

L'envol de l'oiseau, de la lyre, l'envol et le déploiement total de tes ailes sont des symboles de ta liberté retrouvée. Ose sortir de ta zone de confort, une nouvelle réalité t'attend, pleine d'espoir, de positivité et de joie enfantine. Ne laisse personne enchaîner ou freiner tes rêves.
Tu es précieux, magnifique, incroyable et le chiffre 5 renforce la spiritualité et l'intelligence de ton âme en éveil. Permets-toi d'éclore comme une fleur et de rayonner de l'intérieur. Ris, chante, danse, aime !

6

Etheral healing

Activation de votre Essence Sacrée Originelle

L'élément "Ether", également appelé "Akasha", représente l'espace de l'essence même de la création. C'est un espace de vide et de néant où tout est possible et où tout reste à inventer. L'Ether est à l'origine de la formation des 4 éléments : le feu, la Terre, l'eau et l'air. Cette carte te permet de te reconnecter à l'origine même de tes cellules et de ton ADN.
 "Etheral Healing" réactive la guérison suprême et dans cet instant, c'est un véritable RESET pour te reconnecter à ton essence céleste. L'Ether est présent partout autour de nous, à tout moment dans notre quotidien et peut être perçu via l'ouïe, sous la forme du son.
Utilise son message pour activer ton essence sacrée originelle et te connecter à la source de toute création.

Tu es convié à réunir les fragments de ton être par la magie du son et de la musique. Écoute les fréquences angéliques de guérison, qui caressent les éthers de ton être, autant que possible. Le message divin, porté par le chiffre 6, te convie à accorder ton attention aux organes éthérés tels que les intestins, les vaisseaux sanguins, la vessie et les poumons. Prends soin de ton véhicule physique pour nourrir l'expansion de ton âme.

La nature, le soleil et le bien-être sous toutes ses formes sont également des nourritures pour ton âme.

Prends l'air, vis en pleine conscience, et respire la vie à grandes goulées.

7

Rebirth activation

La Réactivation Rebirth: Ton Parcours de Vie. Rebirth représente la roue de ton parcours de vie. Elle symbolise l'impermanence, le cycle naturel des changements, des saisons et du renouveau, tout comme les engrenages que l'on franchit un à un. Chacune de ces étapes a été déterminée avant ta naissance pour maintenir l'équilibre entre l'ombre et la lumière.

En lisant cette carte vibratoire, tu vas ressentir l'engrenage s'enclencher et découvrir ta prochaine étape d'évolution humaine. Bien que l'incarnation puisse parfois être difficile, sache que nous sommes à tes côtés pour te soutenir. C'est ainsi que tes guides spirituels empruntent également les mêmes engrenages et cycles pour se rapprocher de ton cœur rempli d'amour. À chaque étape de ton parcours, tu changes de guide et accueilles une nouvelle énergie pour t'accompagner vers la prochaine porte à franchir sur le grand échiquier du monde.

En ce lieu sacré et en cet instant béni, ouvre ton cœur à l'appel divin. Les astres révèlent que le chiffre sept t'appelle à changer de guide, car ta puissance suprême et sacrée s'éveille en toi.

Tes efforts ont été couronnés de succès, et tes guides te félicitent de tout leur être !

En méditation, invite ton esprit à sentir l'énergie de ton ange gardien, ton guide de lumière, dont le nom te sera révélé.

Écoute sa voix sacrée, car elle te guidera vers la prochaine étape de ton chemin divin.

8

Emergence 6D quantum code

Harmonise tes vibrations et embrasse l'amour : sois bienveillant et compatissant !
C'est important de réfléchir sur la façon dont nous accueillons les événements et les énergies extérieures.

Si tu es en paix intérieure, rien ne pourra te toucher. Le message 8 de l'éternité peut te libérer de toute colère envers la société.
Les codes 6 D émis ici et maintenant t'invitent à élever ta conscience et à atteindre une sagesse plus élevée, remplie de tendresse et de douceur. Sois bienveillant et compatissant envers les autres, et tu verras ton empathie grandir. Libère-toi des emprises toxiques de tous les aspects éthériques qui ne sont pas nécessaires à ton évolution.

Lève les yeux vers l'éther et contemple la splendeur du monde. Lorsque ton esprit s'élève, le fardeau de ton âme s'allège. Ce message révèle le monde sous un jour de beauté et de grâce :
admire-le dans toute sa luminosité et sa richesse.
Observe le paradis se déployer entre chaque arbre et chaque feuille de la nature.

Sache que tu es aimé et que l'univers veille sur toi...
La Mère veilleuse est à tes côtés ici et maintenant.

9

RÉVOLUTION & ÉCLOSION

Éclosion de votre divinité - Intégration de l'essence originelle en cours

Si vous avez besoin du soutien de vos guides spirituels, focalisez vos intentions sur l'éclosion de votre âme. Vous êtes sur le point de prendre votre envol tel un papillon sortant de sa chrysalide, l'énergie papillon se présentant sous forme de code 9 pour vous préparer à un nouveau chemin et un nouveau destin. Après une période difficile, une lignée originelle se présentera à vous, accompagnée d'une tribu et d'une communauté sacrée pour vous guider et vous soutenir. Vous vous sentirez enfin chez vous, comme un papillon qui ouvre ses ailes et retrouve sa dignité, sa famille d'âme, nouant des liens d'amour et d'amitié plus puissants et harmonieux. Vous serez en mesure de communiquer avec vos frères et sœurs d'âme, et une mission professionnelle ancrée dans la matière prendra forme dans une conscience scientifique, géobiologique ou chamanique.

Une révolution éminente, qui secouera les fondations de ta réalité pour te guider vers la vérité et la transparence absolues. Bien que cela puisse être difficile pour l'égo, ton âme sait avec certitude où elle te mène.
Bientôt, tu recevras les clés de ta nouvelle demeure. Sois le bienvenu chez toi !
Sens l'énergie qui émane de cette transition magique...

10

Amazonia

Réveille ton instinct primaire !

Bienvenue dans cet espace de renouveau. Après avoir surmonté des paliers et des transitions, tu as relevé les défis et les épreuves tout en confrontant la dualité de ton ego blessé. Ici, tu es à ta place, aligné avec le grand tout, dans un environnement verdoyant. Ta mission est d'ordre chamanique, tu es un gardien ou une gardienne de la Terre mère. Mama Gaïa t'appelle à l'aide à travers ce message et le code 10, pour que tu te repositionnes sur ton point de départ : un départ puissant et une transformation de tout ton être.
Pour y arriver, utilise le tambour chamanique pour enraciner cette nouvelle réalité et parvenir à équilibrer ton quotidien et ta conscience sur un plan dédié à la Terre.

Reconnecte-toi à la nature aussi souvent que possible, car en la caressant, c'est ton propre être que tu caresses.

Les esprits et les gardiens de la nature sauvage se présentent à toi, à l'intérieur de toi, pour te donner la vitalité et la force d'avancer dans cette ère de la Nouvelle Terre, où la graine de la nouvelle conscience de vie germe.

Sème l'amour et la joie, et laisse tes pieds nus gravir le sol de PACHA MAMA. Marche avec fierté et alignement, danse avec la vie et la renaissance de l'humanité en cette terre promise de la divinité incarnée.

11

Free Your Spirit with Space of Light

Activation de l'Espace Sacré: Les Codes Lumière de Ton Temple 11

"L'espace sacré" libère ton esprit et ton âme et t'ouvre l'accès à un univers infini. Autorise-toi maintenant à ouvrir l'espace de tes univers individuels et de tous les multivers dans lesquels ton âme s'est développée. Pour activer pleinement l'énergie multidimensionnelle, respire consciemment et médite autant que possible. Ce message t'invite à ouvrir ta fleur originelle en utilisant le chiffre 11 pour amplifier les codes de l'âme source. Ressens les fréquences d'accession à ta liberté divine dans ton corps.

N'oublie pas, tu es bien plus grand et plus puissant que ce que ta pensée reptilienne te fait croire. Ta foi et ta joie prennent racine dans les méandres de ton âme soleil. Alors, sois souverain ou reine de ton temple et active ton âme soleil ici et maintenant.

12

Golden Hour

NETTOYAGE ET PURIFICATION : La guérison au cristal d'or pour les cellules de l'âge d'or

L'âge d'or est une époque de guérison profonde et de purification pour les cellules et l'ADN. Cette civilisation ancienne est connue pour son accès à une richesse intérieure et spirituelle, ainsi qu'une communauté d'hommes et de femmes connectés, mi-anges, mi-maîtres ascensionnés venus sur Terre pour semer une fréquence élevée de technologies servant la Terre et l'humanité. Cette ère est une avancée dans une cité d'or perdue, qui a été retrouvée pendant notre période de transition.

Autorisez-vous à pénétrer les mondes cachés et engloutis de votre conscience florissante et universelle, riche en sagesse et en compassion. Rappelez-vous qui vous êtes, petite âme. D'où venez-vous et quelle est votre véritable nature?

13

Solaris integration

Intégration du Soleil Central : L'âge d'or - Guérison cristalline des cellules d'or

Le Solaris, notre soleil ancestral, est l'étoile originelle des civilisations dorées. Elle est en relation étroite avec un autre soleil tout aussi puissant, l'Alcyone, étoile centrale des Pléiades, qui renforce les codes lumineux du message numéro 13.

L'Âge d'Or est un état primordial où les humains vivent sans souffrir ni vieillir, où la nature généreuse les décharge du travail, où la paix et la justice règnent : la race d'Or vit à proximité des dieux. Solaris, mi-humain, mi-ange, accélère le processus d'éveil de tes cellules d'or. Il est temps de réutiliser toutes les propriétés divines de l'époque d'Or. Cela nécessite que tu termines les cycles douloureux de karma. Oui, tu dois rompre totalement avec l'asservissement de ton humanité, qui se limite à une conscience matérielle 3D. Tu es bien plus que cela, récupère ton pouvoir d'action.

Accorde-toi le luxe de ralentir le rythme dans ton sanctuaire intérieur. Prends le temps de méditer et de coucher sur papier les pensées qui te guident vers une existence plus équilibrée. Cette carte est apparue pour t'inspirer et t'assister dans tes choix, pour te guider dans tes décisions en toute conscience. Prends le temps de réfléchir, fais preuve de discernement et de tri.
Les astres murmurent que c'est urgent. Alors, lance-toi, laisse une nouvelle réalité émerger dans ton esprit. Tu sais de quoi je parle, donc ose, cher(e) petite âme étincelante.

14

Lyrian VEGA cellular codes

La Lyre : Tes talents, tes dons, ta mission

Véga, l'étoile la plus brillante de la constellation de la Lyre, est la cinquième étoile la plus brillante du ciel lorsqu'elle est vue de la Terre. Avec Arcturus et Sirius, elle est l'une des étoiles les plus brillantes du voisinage solaire.

Les graines d'étoile de Véga ont évolué à partir de la Lyre pour coloniser Sirius.

Si tu es une graine d'étoile de Véga, tu es hautement qualifié et créatif. Tu es une âme très ancienne, une Ame du Monde. Depuis ta planète d'origine, tu es capable de créer et d'ensemencer la Nouvelle Terre, car c'est ta mission !

Laisse ton essence unique s'exprimer à travers ton innovation et tes propositions audacieuses. Éveille les consciences et inspire les âmes en embrassant ta différence et ton originalité. Cette page te rappelle tes racines, et si tu tombes sur le message 14, il est probable que tu sois issu(e) de la constellation de la Lyre.

Ton âme vibre aux rythmes de l'art, de la musique, de la création, du leadership et de l'entrepreneuriat. Accepte ta mission et participe activement à l'essor de la Nouvelle Terre.

15

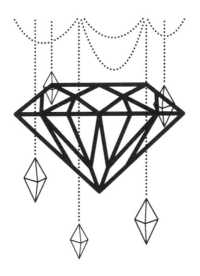

Diamond crystal heart

L'enfant Intérieur : Une Énergie Pure et Harmonieuse du Diamant

Le cœur cristal rayonne d'une énergie pure des plus hautes sphères de lumière, symbolisée par la géométrie sacrée qui le compose. Son activation révèle nos parties les plus lumineuses, stimulant et amplifiant nos aptitudes, qu'il s'agisse de communication, de création ou de guérison. Cette énergie active également notre enfant intérieur, source de joie intrinsèque du cœur, et nous aide à nous placer sur notre chemin de vie. Le message 15 active le cœur cristal, le Diamant stellaire, source d'énergie de vie légère et enfantine, qui nous permet de nous connecter à notre univers originel. Cette activation nous permet de retrouver une harmonie intérieure et de nous libérer de toute tension réprimée. L'activation de l'enfant intérieur nous permet de retrouver la simplicité, la fluidité, la joie et l'amour de la vie. Osez rire de vous-même et de la vie, et vous verrez qu'elle vous le revaudra de mille et une façons.

16

Andromeda Golden Gate

SOYEZ AUTHENTIQUE

La galaxie d'Andromède, notre voisine galactique la plus proche, est une source d'énergie stellaire extrêmement puissante qui peut influencer notre univers si nous savons l'exploiter. Les graines d'étoiles d'Andromède, des êtres de haute dimension pouvant atteindre jusqu'à la 12e dimension, sont des âmes compatissantes et bienveillantes. Leur vibration harmonieuse ne tolère ni les pensées ni les sentiments négatifs. Les Andromédiens représentent des âmes avancées et leur énergie peut être ressentie de loin. Les graines d'étoiles d'Andromède incarnent l'amour inconditionnel, la gentillesse et la pureté qui sont nécessaires pour améliorer notre monde et en faire un endroit meilleur pour tous. Soyez authentique et suivez cette voie de lumière.

Les êtres d'Andromède ne sont pas de simples âmes aimantes, car en eux résident une sagesse et une connaissance des lois universelles essentielles à l'équilibre du cosmos. Ces vieilles âmes ont le don de voir clair et n'ont point peur de l'avenir.

L'essence andromédienne de cette arcane numéro 16 (7) te guide vers ta propre vérité, t'invitant à être honnête avec toi-même et avec ceux qui t'entourent. Tu ne peux plus te cacher, car la sagesse d'Andromède t'exhorte à la sincérité, à l'intégrité et à la justice.

17

Andromeda codes

Les Codes Sacrés de Guérison pour la Féminité par Andromède

Andromède transmet l'énergie mythique de la féminité à travers ses enseignements. Elle te montre comment avoir la bravoure de tes actions et assumer pleinement ta beauté intérieure et extérieure en invoquant la déesse Andromède. Elle rappelle que tu es guidée et protégée par l'énergie bienveillante du ciel et des étoiles, ce qui te permet de garder ta dignité peu importe les obstacles que tu rencontres.

En tant que femme, tu peux être attachée à un rocher comme Andromède, mais grâce à ta foi et à ta perspicacité, tu peux être sauvée de justesse. Tu es la souveraine des hommes, et tu ne perds jamais ta dignité, peu importe les injustices apparentes de la vie.

Laisse le grand pouvoir divin féminin jaillir en toi et sois belle et souveraine parmi les hommes. Andromède t'enseigne que tu as la bravoure dans ton esprit et que tu peux avoir confiance en la source pour te guider à travers toutes les épreuves.

18

Atlantis city codes

Que les énergies de l'Atlantide purifient les tréfonds de ton être. Les Atlantes, dotés de prodigieuses capacités, maîtrisaient la lévitation, la télépathie, la téléportation et les clés de l'ascension.

En lisant ces mots, tu te reconnectes aux puissantes énergies océaniques et au Grand Cristal Atlante, qui déclencheront en toi une profonde purification énergétique.

En activant ton Chakra de l'Etoile de Terre de l'Atlantide et ta couronne chakrale, tu réintègres les espaces sacrés des 7 crânes de cristaux Atlantes et de leurs maîtres.

Cette énergie, en communion avec l'élément de l'eau, dépoussiérera et réactivera ta merkaba, ton véhicule sacré pour rayonner de lumière.

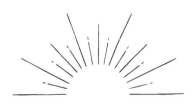

Tiens-toi debout, droit comme un pilier de lumière, avec les pieds fermement ancrés sur le sol. Visualise ton enracinement profond au centre de la Terre, au cœur cristallin de Gaïa. Ouvre ta fleur couronne vers le ciel, en alignant tes centres Chakras.

Tu es maintenant prêt à tout moment de la journée. Tu es un réceptacle, une antenne, connecté à tes fréquences cristallines. Laisse-toi baigner dans l'énergie curative des Atlantes.

19

Pléiades ensemencement

Adopte une Attitude Positive!

La façon dont tu perçois les choses peut déterminer leur réalité. Sois attentif à ta pensée à partir de maintenant, car elle a le pouvoir de créer la réalité.
Les éveilleurs de conscience et les travailleurs de lumière sont des créateurs conscients de leur propre réalité.
Ils sont comme des graines d'étoiles qui sèment et cultivent la positivité dans leur vie.
Alors, envisage ta vie avec joie et perspicacité!
Si tu es particulièrement attiré par l'énergie des pléiades, tu es sans doute sensible à cette positivité dans ta vie lumineuse.

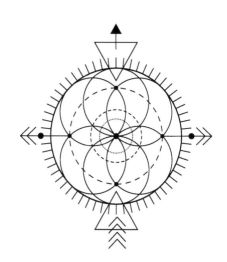

Les étoiles brillent de leur éclat divin, illuminant ainsi les chemins de notre galaxie.

Et pour que la Terre Mère et ses enfants puissent s'élever vers les sphères célestes, les guerriers galactiques ont besoin de répandre les énergies d'amour.

Pour ce faire, les artisans de lumière et les combattants de la galaxie doivent vibrer à l'unisson, se connectant à la même fréquence de l'univers.

Il est essentiel que vous cultiviez une attitude positive envers votre existence terrestre, offrant à la planète une vision de développement positif, où la joie et le respect envers toute vie sont maîtres-mots.

20

SIRIUS ENCODAGE 6D

SIRIUS B : l'engagement du travailleur de Lumière

Si l'énergie bleue vive résonne en toi, peut être fais tu partie de la grande loge bleue des gardiens lumineux de Sirius.
Sirius B émane et fait rayonner sa présence sacrée dans la Galaxie. Au cours de ses millions d'années d'existence, Sirius a servi de phare dans cette galaxie pour l'amour et la vérité, et représente l'engagement .
 Le système Sirien est le foyer de nombreuses espèces galactiques, physiques et non physiques, humanoïdes et non-humains. La plupart de ces races sont très bienveillantes dans la nature, elles sont plus communément connues sous le nom de guerriers spirituels, et fortement liées aux formes de vie des dauphins et des baleines.

Lorsque les codes célestes seront réactivés, l'essence de ton être sirien s'ancrera profondément dans les trames de ton ADN, affectant ainsi ton corps tout entier. Les atomes de ta forme vibreront à une fréquence plus élevée, telle une symphonie de lumière, grâce à l'intégration de l'énergie sirienne et l'activation des étoiles endormies.

Cependant, cette transformation pourrait influencer ta conscience, tes émotions et tes processus de pensée.

 Mais avec le temps, tu avanceras graduellement vers une évolution spirituelle rapide et remarquable.

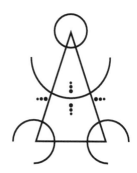

21

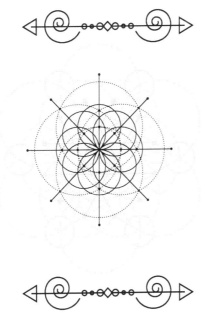

LEMURIA ASCENSION

Activation de la Cité Mythique de Shamballa

Près de l'île Maurice, dans l'océan Indien près de la côte est de l'Afrique, se trouvait autrefois un continent appelé la Lémurie.
 Ce continent était habité par les Lémuriens, qui ont fondé la cité mythique de Shambhala. Shambhala était une ville paisible, harmonieuse, sage, douce, fluide, agréable, et remplie de gens du cœur. Bien que la Lémurie ait disparu, nous pouvons réactiver la vibration magique et merveilleuse de la cité mythique de Shamballa. Imaginez des couleurs dorées, ensoleillées, de la lumière pure et rose nacrée...

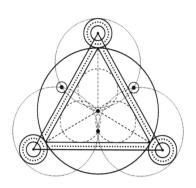

Les lémuroides, témoins de la Lumière, percevaient instantanément si leurs compagnons étaient empreints de pureté ou non. Leur langage, porteur de fréquences d'Amour, vibrait en harmonie avec l'Amour Un et l'Amour Vibral.

Ces particules divines, émanant de la Source et d'Alcyone, pénètrent de plus en plus notre atmosphère.
Elles transmettent des informations à tout notre être, incluant notre ADN à 12 brins et notre ADN éthérique.
Ouvre-toi à ces souvenirs de qui tu es réellement, et reçois-les maintenant.

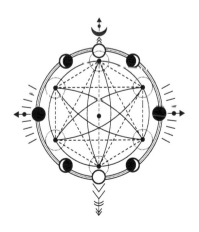

22

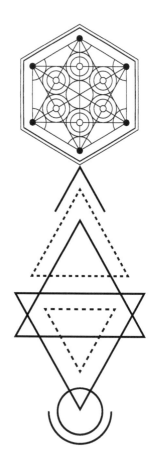

ARCTURIUS

Bienvenue dans le monde d'Arcturius, où la dévotion et les soins sont prioritaires.
Vous faites probablement partie de la famille stellaire de cette civilisation galactique.

Les Arcturiens proviennent d'une belle planète bleue-verte avec un noyau cristallin en orbite autour de l'étoile Arcturus, située dans la constellation du Bouvier.

Leur dévouement au service des autres est louable, car ils sont déterminés à aider l'humanité dans son processus d'ascension spirituelle. Grâce à leur vibration supérieure à celle des humains, ils peuvent facilement interagir avec nous.

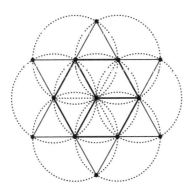

Les Arcturiens, gardiens des étoiles, sont conscients de l'ascension de l'humanité et attendent avec impatience que nous puissions les rejoindre. Leur joie, leur nature bienveillante et leur ouverture d'esprit envers les autres, ainsi que leur chaleur et leur charisme sont légendaires. Sociables et à l'écoute, ils font preuve d'une grande empathie envers la race humaine pendant cette période de transformation difficile pour le monde.

L'amplification 22 est empreinte d'une énergie de douceur et de sécurité. Laissez-vous bercer par les soins Arcturiens nécessaires à votre épanouissement et votre essence.

23

ATLAS INCEPTION

La Destruction Totale de l'Ancien et l'Avènement d'un Nouveau Monde

Le Yang, la force et l'action sont les maîtres mots de la naissance d'un nouveau monde. Dans la mythologie, Atlas soutient le monde en tant que créateur et origine des sept déesses, appelées les Pléiades.

 Il symbolise la force masculine, le passage à l'action pour permettre les changements dans ta vie personnelle ainsi que dans la société. Atlas est le premier roi de l'Atlantide et de la cité d'or.
Cet être puissant et barbu protège, soutient, gouverne avec noblesse et propose des changements pour un avenir meilleur.

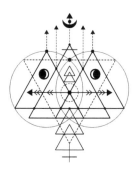

Atlas, ce titan immense, soutient la voûte céleste de son corps colossal.

Dans son message 23, il t'apporte les clés pour faire face aux obstacles avec confiance et t'aide à bâtir les fondations solides de tous tes projets les plus chers. Bien qu'une destruction puisse être nécessaire pour restructurer tes bases, sache recevoir la fréquence de tes fondements d'or et la solidification de ta divinité envers la Terre.

24

CEINTURE D'ORION

Titre : Orion, le pardon et la force : Les Galactiques

L'ascension de la Terre est un processus de grande ampleur en cours qui est marqué par la réconciliation et la force. À la demande des maîtres ascensionnés, des guides et des hiérarchies en charge de notre évolution, des êtres évolués de systèmes planétaires éloignés sont venus nous aider à mener à bien ce processus. Les êtres évolués d'Orion sont expérimentés dans la transformation des énergies discordantes et ont réussi à maîtriser les forces chaotiques qui circulent à travers leur constellation. Leur capacité à s'adapter facilement à notre environnement 3D est exceptionnelle, et leur présence est un atout majeur pour restaurer l'harmonie sur Terre.

Dans les tourments de la discorde, les enfants de la Terre ont longtemps semé les graines de la division et de la douleur. Mais il est possible de tisser l'harmonie dans ces zones de conflit, et de renouer les liens brisés. La Ceinture d'Orion, triade d'étoiles majestueuses, veille sur nous telle une divinité éternelle, et nous rappelle la puissance des voeux que nous pouvons formuler en levant les yeux vers le firmament. Cette constellation est un symbole de force, de courage et de ténacité, source d'inspiration pour ceux qui cherchent à surmonter les épreuves et les défis de la vie.
En contemplant ces trois étoiles alignées, nous pouvons reconnecter avec notre force intérieure et notre âme, et trouver la lumière pour guider nos pas sur le chemin de la paix.

Pour ceux qui ressentent une attraction récurrente pour ce symbole, cela pourrait signifier que leur force intérieure est en sommeil et mérite d'être réveillée pour atteindre leur plein potentiel.

25

Codes Grâal de la rose sacrée

Sources de l'Amour Véritable

Le Graal a été représenté sur Terre comme une simple coupe qui contient le sang du Christ ou comme une quête légendaire pour les chevaliers templiers en quête de l'or sacré. Toutefois, dans les mondes supérieurs, le Graal représente la voie du cœur et se trouve en chacun de nous. Nous avons tous une partie de cette coupe, la coupe, le féminin, le fluide qui circule : l'amour, source de toute chose.

L'énergie du Graal s'active dans tes cellules pour te rappeler que tu portes en toi les gènes originels du sang divin. Il n'y a pas besoin d'aller chercher ailleurs, la quête de soi est la clé de ton être pur, et c'est la seule chose qui importe !

Le sang sacré est le retour de ton âme et de ta divinité sur Terre. Ce secret est enfoui au plus profond de ton être, et la solution n'est pas de chercher à l'extérieur, mais plutôt de se trouver, se découvrir et s'aimer soi-même ! Si tu le fais, tu sauras, tu vibreras...

26

COEUR SACRÉ DE MARIE MADELEINE

Activation du Féminin Sacré - Activation des Codes de la Nouvelle Terre -
Énergie Féminine et Intuition Sacrée

En utilisant l'énergie iconique de Marie Madeleine, gardienne du sang sacré et des pouvoirs perdus de la connaissance et du savoir ancestral, tu peux réhabiliter ton corps de lumière dans la grâce divine et la pureté du féminin sacré. L'énergie Yin intérieure, sauvage et douce de la femme se révèle et se réveille, permettant de recréer un monde de paix et de sérénité dans l'équilibre des polarités.

Cette arcane t'offre un équilibre céleste et une harmonie totale, envoûtant chaque fibre de ton être. La rose, portant son énergie de senteur, incarne la quintessence du féminin sacré, éveillant ta sensualité à la beauté du monde. Elle te guide dans la création d'un potentiel, d'une vibration puissante dans la symphonie de tes sens.
Laisse ton intuition s'ouvrir, ton cœur s'épanouir, et aime comme seule une mère sait le faire, tout en embrassant la vie et la nature, donnant et recevant comme un réceptacle. Femme, tu es la coupe, tu es le Graal, tu détiens en toi les clés du Nouveau Monde.
Dans la douceur de tes bras, l'espoir renaît.
Respire, vibre, chante et danse, car tu es la naissance, le soleil, la vie, le sang, et le parfum d'or.

27

L'Étoile des Fées

Laisse libre cours à ton âme d'enfant et protège les nouveaux-nés et les enfants cristal.

Stella, l'étoile des fées, réside dans le pays du monde parallèle, où les êtres magiques ont élu domicile après avoir cédé la Terre aux humains.

Des portes magiques, gardées secrètes, permettent toujours de rejoindre le pays des fées, mais seuls quelques êtres magiques ont choisi de rester sous les dômes qui protègent chacune de ces portes.

Tous les êtres magiques ont le pouvoir de devenir invisibles aux yeux des humains, mais les fées demeurent invisibles aux yeux des enfants, à moins que leur cœur ne soit pur et sans la moindre intention malveillante envers les êtres magiques.

Stella est revêtue du titre de Grande Protectrice de tous les êtres magiques qui ont fait le choix de demeurer sur notre Terre, ainsi que de Patronne des fées, qu'elles soient gardiennes du destin, des enfants, des nouveaux venus ou des étincelles.
Le royaume légendaire des hauteurs divines se présente à toi, dans l'espoir de raviver l'étincelle de magie qui sommeille en toi, telle celle de ton enfant intérieur, longtemps enfouie et cachée.

Il est temps de retrouver qui tu étais, de te rappeler tes passions d'antan, tes jeux de prédilection.
 C'est là que se niche ton véritable être, sans ego ni crainte, baignant dans une joie enfantine, libre de tout souci matériel.
Retrouve ton essence originelle, car ici et maintenant, tu es béni par le monde féérique des fées et de sa gardienne.

28

Le royaume Avalon

Le Paradis Celtique: L'Ile Mythique d'Avalon

L'île mythique d'Avalon est un symbole fondamental de la tradition celtique. Elle représente l'au-delà, l'Autre Monde ou ce que certains appellent "La Féerie". Après leur mort, les héros sont censés être emmenés sur cette île en direction du soleil couchant. Le mot "Avalon" signifie "aller vers le val" ou "aller vers le couchant" tout en évoquant l'idée d'être englouti par la mort. C'est le passage entre le monde des vivants et celui de l'au-delà.

L'Île des Pommes, également appelée "Avalon", renvoie à la racine de tout ce qui est régi par une douce loi. C'est un lieu où l'éternelle jeunesse et la santé sont préservées, où la mort est inconnue, et où les fruits sont toujours mûrs. Morgane, qui possède de nombreux pouvoirs, y règne avec ses huit sœurs et veille particulièrement sur Arthur qu'elle a recueilli.

Voici une île habitée de divinités, un lieu vibrant d'une énergie puissante qui souffle sur cette page pour t'offrir un souffle de mort et de renaissance. En traversant les terres d'Avalon, tu renais dans une jeunesse éternelle en régénérant chaque parcelle de ton être. La mort perd son emprise sur toi, et toutes les blessures de ton âme sont guéries.

La force du phénix anime également cette île, où des oiseaux sacrés aux vibrations et fréquences énergétiques élevées nettoient entièrement ton champ aurique.

Le nombre 28 symbolise la fin de l'ancien, un nouveau départ émergeant de la destruction totale de ce qui était auparavant. C'est un 10, le chiffre de l'universel, du renouveau et du commencement de tout.

29

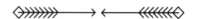

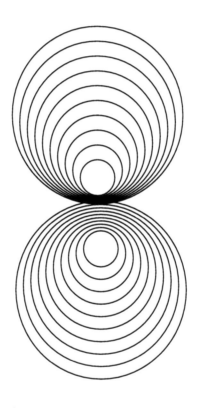

Révélation & foudre magique

La levée du voile embrasse la vérité et l'authenticité. Cette arcane 6D vibrante , nous transporte vers des émanations divines d'un ordre suprême.

Le nombre 29, qui résonne avec le chiffre maître 11, révèle un pouvoir d'alignement et de magnificence absolue avec l'âme.

Le partenariat divin s'unit à la danse de ta vie, t'offrant une révélation dorée pleine de promesses et de joie inattendue.
Les étoiles te guident vers un horizon lumineux et inespéré.

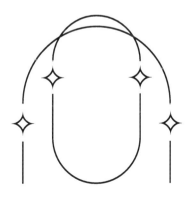

Dans les méandres de tes songes se dessine un univers doré, où tes plus grands désirs prennent forme, alignant les dimensions de ton être. C'est l'appel de ton essence profonde, la voix de ta destinée qui résonne, attirant à toi les merveilles divines. Une force spirituelle puissante, un amour éblouissant, une magie enivrante, tout ce que tu as toujours désiré est à portée de main, offert par les guides qui t'accompagnent dans cette aventure. Leur gratitude est immense, car tu as travaillé d'arrache-pied pour arriver jusqu'ici.

Prends ce moment pour accueillir ce don avec gratitude et laisse-toi baigner dans la lumière de cette féerie éblouissante.

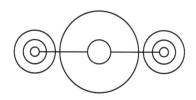

30

Le royaume des Licornes

Activation de votre troisième œil grâce à l'amour inconditionnel des licornes!
Les Licornes sont les protectrices du Royaume des Fées.
Elles incarnent toutes les qualités nobles et pures que beaucoup cherchent à développer en eux-mêmes. Les Licornes sont des créatures véritablement mystiques, symbolisant l'innocence, la clarté, la pureté, l'amour et la bonté du cœur.

Ces êtres magiques sont très présents dans les mondes merveilleux et imaginaires des enfants, car ils sont connectés à leur âme.
La Licorne, avec sa corne magique et féerique, peut t'aider à activer tes dons psychiques, notamment le troisième œil. Cet œil de la vérité te permettra de te connecter avec le Divin.

Lorsque tu franchis les portes de la licorne, tu t'envoles vers les cieux éthérés et les hautes sphères de guérison de ton être.

Le coeur, empli d'amour, s'éveille à nouveau, intuitions en éveil.
Alors, la conscience s'élargit, tissant des liens avec les royaumes célestes.
La licorne, messagère de l'arc-en-ciel, danse dans les dimensions les plus élevées, réactivant la paix sereine en toi et éveillant une intense joie intérieure.

31

Le royaume des Dauphins

Puissance spirituelle et sagesse : L'essence du Dauphin

Le Dauphin est un être divin qui nous guide et nous rappelle de renouer avec l'innocence de notre enfance.

Il nous encourage à reconnaître les vertus de la sagesse spirituelle et à ressentir la joie de vivre.

Le Royaume du dauphin est avant tout une énergie de simplicité et de liberté, qui nous permet d'être maîtres de notre vie dans un amour universel.

Le Dauphin nous responsabilise et nous relie à son essence sur tous les plans : physique, émotionnel, mental, spirituel, au niveau de l'âme, de l'esprit et des vies antérieures.

Ces êtres extraordinaires sont dotés d'une lumière cristalline et sont des cétacés intelligents hautement évolués, venus de Sirius pour aider les humains de manière subtile et raffinée, bien au-delà de notre compréhension. Ils ancrent profondément la lumière sur notre planète et nous guident sur le chemin de la sagesse spirituelle.

Les dauphines apportent avec eux la fréquence cristalline qui élève les énergies et déclenche les transformations harmoniques nécessaires à l'expansion dimensionnelle de la Terre.

Leur fréquence est celle du coeur atlante, la fréquence de Sirius qui a réalisé l'ascension. Les dauphins sont les gardiens des codes génétiques divins et de l'ADN originel, maintenus intacts à travers les âges.

Ce sont des êtres purs de la création primaire et originelle. Laisse-toi baigner dans les codes d'or de ce royaume extraordinaire et laisse-les imprégner chaque cellule de ton être.

32

Le royauMe des Félins

Les félins, qui ressemblent à des chats sauvages, sont une race hautement consciente, emplie de pure lumière et d'amour. Cependant, il ne faut pas les sous-estimer, car ce sont également des guerriers d'élite cosmiques spécialisés dans la poursuite et l'élimination des forces sombres et de leurs alliés. Les félins existent dans les plans physique et non physique.

Dès qu'ils détectent la présence d'êtres négatifs, ils se mettent à les pourchasser et les déchiqueter, tout comme les chats sauvages chassant leurs proies dans la nature sauvage. Les Archontes les craignent également pour cette raison.

Bien que très protecteurs et affectueux, les félins peuvent également donner l'impression d'être très confiants, convaincus et intrépides. Ils ont été conçus pour être des leaders et sont dotés d'une grande diplomatie.

En Égypte, le chat est considéré comme un être sacré, un symbole de noblesse et de majesté. Ainsi, ce message 32 est un talisman qui te protège contre les assauts éthiques du moment. Il est conseillé de laisser cette page ouverte près de ton lit si tu n'as pas de félins ou de félidés à proximité. Leur énergie protectrice saura apaiser tes nuits agitées. Les félins ont le pouvoir de renforcer ta confiance et ton assurance, même dans les moments les plus difficiles. Laisse leur magie t'envelopper et te protéger.

33

ASCENSION

Élévation et épanouissement :
un nouveau seuil de conscience et d'évolution.

Te voilà franchir une étape clé, une nouvelle compréhension qui s'éveille en toi.
La floraison de ton féminin sacré s'ancrant à la Terre, une pure harmonie se présente à toi, révélant une douceur intense et profonde qui s'inscrit dorénavant en ton être.

Cette arcane finale en 33, chiffre angélique, t'invite à te féliciter, à mériter le plus haut, le plus élevé et le meilleur à partir de maintenant. Tu te choisis, libre de naviguer en eaux douces et paisibles. Tu te pare de simplicité, telle Eve face à l'arbre divin. Tu accueilles la connaissance et le savoir, la sagesse et l'amour dans ta vie, t'alignant sur une voie lumineuse dans la béatitude de ton âme.

illustrations et textes : Stéphanie Falla @ll rights reserved 2023

instagram: stephanie_falla
site Internet: http://www.stephanie-falla.com

Printed in France by Amazon
Brétigny-sur-Orge, FR